AF370978

DOLORES,

DRAME EN TROIS ACTES,

Par M. Dennery,

REPRÉSENTÉ POUR LA PREMIÈRE FOIS, A PARIS, SUR LE THÉATRE DE LA GAITÉ, LE 3 NOVEMBRE 1836.

PERSONNAGES.	ACTEURS.	PERSONNAGES.	ACTEURS.
FERNAND	M. Maillard.	DOLORES	Mᵐᵉ Camille V.
ARTHUR	M. Eugène.	LUIZA	Mˡˡᵉ Rougemont.
PEREZ INIGO	M. Péchéna.	DONA MENTIA	Mˡˡᵉ Valmont.
FORTUNÉ	M. Raymond.	Invités.	

ACTE PREMIER.

Un salon chez dona Ment'a.

SCENE PREMIERE.

DOLORES, LUIZA, INIGO, DONA MENTIA.

(Dolorès et Luiza s'occupent à broder, Dona Mentia lit.)

LUIZA. Mais finissez donc, mon cousin, vous m'obsédez!

INIGO. Vous êtes cruelle, ma jolie Luiza.

LUIZA. Vous qui devriez être grave; vous, un magistrat... me poursuivre ainsi de vos ennuyeux complimens!..

INIGO. Est-ce qu'un magistrat n'a pas comme un autre des yeux pour admirer?

LUIZA. La justice ne porte-t-elle pas un bandeau?

INIGO. Elle a du moins cela de commun avec l'amour.

LUIZA. Je ne sais trop ce que vous avez de commun avec l'une ou avec l'autre.

INIGO. Vous êtes si jolie, que vous avez le droit d'être cruelle.

LUIZA. Encore!

DONA MENTIA, *interrompant sa lecture.* Allons, Luiza, laissez cet étourdi... Vous devriez bien quelquefois, ma nièce, imiter la retenue de votre cousine.

LUIZA. Ah! sans doute, ma tante, Dolores peut se taire, elle, car elle pense... mais moi qui n'ai point de bonheur secret dans le cœur, de doux sujets de rêverie dont je puisse me bercer en silence, il faut bien que je cherche mes distractions et ma joie au dehors... et faute d'un motif pour des soupirs silencieux, laissez-moi donc rire de mon respectable cousin l'alcade.

INIGO. Qu'y a-t-il donc de si risible à ce que je sois alcade?

LUIZA. Oui, à son âge .. déjà... Oh! merveilleuse puissance du mérite, de la science, de la vertu... et d'un oncle secrétaire du ministre.

INIGO. Oui, parlez de la protection de mon oncle... lui qui depuis trois mois a eu l'injustice de me suspendre de me fonctions, pour avoir accompli avec tro de zèle un des actes les plus importans de mon ministère.

LUIZA. A-t-il eu tort?..

INIGO. Sans doute... Si quelque chose a pu me faire accepter avant l'âge l'emploi d'alcade, un emploi si fatigant par sa gravité, c'est qu'en compensation des ennuis du tribunal, ma nouvelle dignité me donnait le privilége flatteur de marier toute la contrée... Eh bien! pour avoir fait un mariage presque secret, pour l'avoir si bien fait qu'on n'a pu le casser, on a eu l'indignité de me suspendre.

LUIZA. Et cela vous afflige vivement!

INIGO. Mais perdre indéfiniment mon autorité... mes espérances...

DONA MENTIA, *se levant*. Consolez-vous, digne magistrat, j'ai bon espoir pour vous.

INIGO. Comment! mon pouvoir..

DONA MENTIA. Vous sera bientôt rendu; car j'ai écrit à un de mes bons amis que votre oncle aime et estime, à don Fernand..

DOLORES, *sortant de sa rêverie*. Don Fernand!..

(Elle se lève.)

LUIZA. Ah! ma tante, le rêve secret de Dolores a fait explosion : elle a parlé...

INIGO. Et vous espérez que par lui...

DONA MENTIA. Ce doit être la meilleure intervention... Bientôt vous saurez à quoi vous en tenir; car je l'attends, et peut-être aujourd'hui...

DOLORES. Aujourd'hui?.. mais il y a huit jours à peine qu'on a reçu de lui une lettre datée de Londres!

DONA MENTIA. Cette lettre annonçait son retour, et ne peut-il être entré en Espagne en même temps qu'elle?.. Et d'ailleurs, en voici une autre datée de Cadix, qui m'annonce en effet son arrivée pour aujourd'hui.

DOLORES, *à part*. Ah! déjà!..

LUIZA. Tant mieux! ce bon Fernand; j'espère que les voyages lui auront fait du bien.

INIGO. Dieu veuille qu'ils l'aient délivré de sa tristesse!.. une tristesse...

DONA MENTIA. Fernand a tant souffert, qu'il lui faut maintenant un grand bonheur pour le réconcilier avec la vie... et ce bonheur, il doit le trouver ici, (*allant à Dolores*) n'est-ce pas, Dolores?..

DOLORES. Mais, ma mère, n'est-il pas des hommes qui se rendent tout bonheur impossible, précisément parce qu'ils ne veulent pas y croire?..

DONA MENTIA. Vous le jugez bien sévèrement.

LUIZA. Lui surtout qui t'aime tant...

DOLORES. M'aimer... lui?

DONA MENTIA. Vous n'en doutez pas, je crois... Fernand vous aime, ma fille... Et d'ailleurs il a des droits sacrés à votre cœur et à votre main... La dernière volonté de votre père, et la promesse que moi aussi j'ai faite à mon époux mourant, de vous confier à la tendresse de Fernand, lorsque vous seriez en âge d'être mariée.

DOLORES. Eh quoi! ma mère, ce retour...

DONA MENTIA. Votre mariage en est le motif.

DOLORES, *à part*. Mon mariage!..

DONA MENTIA. Plusieurs de nos amis se réuniront ici ce soir, et j'espère avoir la joie de leur présenter mon gendre. (*A Inigo.*) Comme parent, vous viendrez, n'est-ce pas?..

INIGO. Ah! sans doute... Et puisse don Fernand avoir sollicité heureusement ma réintégration, afin que je puisse célébrer cette union fortunée... Je cours de ce pas faire la prière la plus attendrissante que je vais adresser...

LUIZA. Au ciel?..

INIGO. Non, à mon oncle.

LUIZA. Allez donc... et en attendant que vous ayez le droit de marier... je vais peut-être songer à me chercher un mari, moi...

INIGO. Daignez au moins consulter sur ce choix ma prudence de magistrat.

(Il sort.)

SCENE II.

DOLORES, DONA MENTIA, LUIZA, *puis* FORTUNÉ.

DOLORES. Toujours aussi fou!

LUIZA. Et toi, toujours aussi sérieuse... Oh! tu seras la digne femme de Fernand.

(*Fortuné entre et salue.*)

DONA MENTIA. Que voulez-vous, mon ami?

FORTUNÉ. Donas et senoras, j'ai bien l'honneur... Je désire parler à Mme dona Mentia.

LUIZA. La voici...

FORTUNÉ. Madame, mon maître me charge de vous présenter ses respectueux hommages.

DONA MENTIA. Votre maître?

FORTUNÉ. Il a l'honneur de vous prévenir de son arrivée, en vous priant de lui accorder un moment d'entretien...

LUIZA. Mais qui, lui?.

FORTUNÉ. Mon maître, le meilleur des maîtres!..

DONA MENTIA. Son nom?..

FORTUNÉ. Aurais-je eu l'indiscrétion de ne pas le nommer?

LUIZA. Sans doute... le meilleur des maîtres, ça ne dit pas qui.

FORTUNÉ. Ça dit don Fernand.

TOUTES. Don Fernand!..

FORTUNÉ. Lui-même qui attend madame dans son appartement.

DONA MENTIA. J'y vais à l'instant.

(Elle sort, Luiza retient Fortuné qui va pour la suivre.)

SCENE III.

DOLORES, LUIZA, FORTUNÉ.

LUIZA. Restez, mon ami... (*A Dolores.*) Il faut le faire causer un peu sur son maître...

DOLORES. Mais pourquoi?..

FORTUNÉ, *à part.* Il paraît que mon physique convient à la jeune Andalouse... Les femmes sont connaisseuses dans tous les pays.

LUIZA. Vous n'êtes pas Espagnol?..

FORTUNÉ. Nullement, mademoiselle, je voudrais faire partie de cette intéressante nation, que cela me serait impossible, vu que j'appartiens au peuple le plus policé, le plus brave et le plus spirituel de l'univers.

LUIZA. Ah! vous êtes modeste...

FORTUNÉ. Modeste et Français... deux qualités inséparables.

LUIZA. Je m'en aperçois... Du reste, si vous vantez votre patrie, tout-à-l'heure vous vantiez aussi votre maître... (*A Dolores.*) Ecoute donc, ceci t'intéresse...

DOLORES, *distraite.* Mais non, je t'assure...

(Elle retourne à sa broderie.)

FORTUNÉ. Si je vante mon maître... le plus digne seigneur que le ciel ait répandu sur la terre!..

LUIZA. Vraiment?..

FORTUNÉ. Un maître que je servirais toujours à genoux... si ça n'était pas si gênant...

LUIZA. Vous êtes donc bien heureux à son service?..

FORTUNÉ. Beaucoup trop heureux... heureux que ça m'en chagrine horriblement...

LUIZA. Que voulez-vous dire?

FORTUNÉ. Ah dam! faudrait une explication, et ça vous ennuierait.

LUIZA. Mais au contraire...

FORTUNÉ. Alors vous saurez donc que je m'intitule *Fortuné*... c'est un nom français qui a été inventé par l'Académie pour signifier un homme... fortuné... ou comblé de tous les biens de la fortune...

LUIZA. J'entends.

FORTUNÉ. C'est à l'hospice des Enfans-Trouvés que me fut décerné ce beau nom... J'eus donc une jeunesse très-misérable... jusqu'à ce que me dis : Ah ça! mais, tu es fortuné ou tu ne l'es pas... En restant dans un si triste état, tu fais mentir ton parrain... n'est-ce pas vrai, mademoiselle?..

LUIZA. Sans doute.

FORTUNÉ. Parbleu! m'ajoutai-je, en demeurant parmi ta charmante nation... tu n'es qu'une perle perdue au milieu d'une foule d'autres perles... prends donc une bonne résolution, voyage, émigre, exporte-toi à l'étranger... Je partis en qualité de simple vagabond.

LUIZA. Après?..

FORTUNÉ. Un jour... que j'étais à jeun depuis quatre... je m'étais couché dans un fossé de grande route, commençant à désespérer de mon heureuse étoile... quand tout-à-coup le ciel entendit mes prières... je fus réveillé par de grands cris; je me précipitai hors de ma couche, et une chaise de poste, lancée au triple galop, vint me verser juste sur le corps... Ce fut mon premier bonheur!..

LUIZA. Vous appelez cela un bonheur?..

FORTUNÉ. Sans doute... car la voiture contenait un jeune seigneur espagnol, qui dans cette chute eut une épaule brisée; tandis que moi, je restai complétement intact... sans un ongle foulé. Le seigneur, c'était don Fernand, que j'aidai à transporter, à soigner, si bien qu'il me prit à son service.., et comme vous le voyez, ce fut un malheur arrivé à mon maître qui fut cause de ma première félicité.

LUIZA. En effet.

FORTUNÉ. Eh bien!... mes bonnes demoiselles, depuis ce temps-là, ça a toujours été de même... c'est une désolation... mon maître et moi, nous ne pouvons jamais être heureux en même temps, nous avons toujours l'air de jouer à la bascule.

LUIZA. En vérité?...

FORTUNÉ. Oui, j'ai toujours remarqué que chaque fois qu'il m'arrive quelque chose d'heureux, ça présage quelque chagrin pour lui... je suis sûr, quand je me porte très-bien, qu'il est en train d'être malade... Le jour où il me paie mes gages, j'ai toujours peur que quelqu'un ne lui fasse banqueroute. Enfin, je suis sûr que s'il a le malheur de se marier, ce sera le jour où je deviendrai veuf.

DOLORES. Et don Fernand, croit-il comme vous à cette fatalité?

FORTUNÉ. Lui, il se moque de moi... et pourtant ça n'a jamais manqué, même dans le sens inverse... à preuve que je ne l'ai vu content qu'une seule fois, le jour où il retrouva un ancien ami, son unique, disait-il... Fallait voir comme il se jeta dans ses bras en pleurant.. c'est sa manière de rire à lui... Eh bien! ce jour-là même, un gaillard qui m'en voulait me cassa trois dents... une là, dans le fond... et les deux autres dans la bouche du cheval que je montais... c'était la joie de mon maître qui me valait ça...

DOLORES. Au moins, Fernand a-t-il trouvé un ami pour le consoler.

FORTUNÉ. Oui; mais le lendemain le juge condamnait celui qui m'avait frappé à me payer de bons dommages... et mon pauvre maître voyait tuer en duel le seul homme qu'il aimât...

LUIZA. Oh! c'est affreux!...

DOLORES. En effet!...

LUIZA. Soyez tranquille, mon ami, cela changera bientôt.. n'est-ce pas, Dolores?

DOLORES. Mais... je l'espère pour Fernand.

FORTUNÉ. Excusez.., j'ai dû vous fatiguer, car je sens que j'en ai perdu la respiration...

LUIZA, *allant prendre un flacon.* Eh bien! pour vous remettre, buvez un verre de ceci...

FORTUNÉ. Comment, vous voulez?...

LUIZA. C'est d'excellent vin d'Alicante.

FORTUNÉ, *retirant son verre.* De l'Alicante!

LUIZA. Est-ce que vous ne l'aimez pas?

FORTUNÉ. Au contraire, je l'adore!... j'en rêve toutes les nuits...

LUIZA. Eh bien!...

FORTUNÉ. C'est que je crains pour monsieur le bien que ça me ferait...

LUIZA. Prenez sans crainte, je vous assure que ses maux touchent à leur terme.

FORTUNÉ. Que le ciel vous entende!.... qu'il soit heureux!... j'en serai d'une joie!.. pourvu cependant qu'il n'aille pas jouir d'une trop parfaite félicité... car enfin, il n'y a qu'une dose de bonheur pour nous deux... et s'il prend tout... (*Il boit.*) Dieu! que ça fait de bien... ah! ça m'en fait trop... je suis sûr qu'il arrive à monsieur quelque horrible infirmité... un coup d'air ou un rhume de cerveau... Je cours m'en assurer... je vous demande bien pardon, mesdames...

SCENE IV.

DOLORES, LUIZA.

LUIZA. Ce pauvre Fernand, combien il est à plaindre!

DOLORES, *se levant et venant en scène.* Oui... en effet... bien à plaindre.. (*A part.*) Qui peut donc le retenir si tard aujourd'hui?

LUIZA. Tu as l'air de songer à autre chose... quelle pensée peut t'occuper si fort?

DOLORES. Moi... rien.

LUIZA. Ah! je devine... cet entretien de Fernand avec ma tante, qui se prolonge tant et qui t'intéresse si fort... oui, oui, tes yeux sont tournés vers cette porte, ton visage se colore, ton cœur bat, ta respiration se précipite... c'est que tu entends marcher... ouvrir la porte... et que celui qui vient, c'est... (*Avec surprise.*) Ah! monsieur Arthur de Lucenay.

DOLORES, *à part.* Enfin.

SCENE V.

DOLORES, ARTHUR, LUIZA.

ARTHUR. Je venais m'informer de votre santé, mesdames... (*à Luiza*) non pas que je fusse très-inquiet de la vôtre, charmante Luiza... car vous êtes toujours si fraîche, si rieuse! (*A Dolores.*) Mais vous, senora, hier vous paraissiez souffrante?

DOLORES. Oui, en effet.... (*bas à part à Arthur*) et j'ai bien plus sujet de l'être aujourd'hui; il faut que je vous parle.

ARTHUR, *à part.* Eh bien! tantôt... à l'heure habituelle.

DOLORES, *de même.* Non... à l'instant.

LUIZA, *à part.* M. Arthur fait aussi partie de la nation la plus policée, la plus spirituelle... et pourtant, il m'est insupportable... celui-là.

SCENE VI.

LES MÊMES, DONA MENTIA, FERNAND.

ARTHUR, *bas à Dolores.* Que vois-je?... don Fernand... déjà de retour...

DOLORES, *de même.* Vous comprenez donc qu'il faut que je vous parle.

DONA MENTIA, *présentant Fernand.* Voici enfin notre voyageur.

LUIZA. Nous vous attendions avec impatience, don Fernand.

FERNAND, *l'embrassant.* Merci, merci, ma bonne Luiza, (*Il s'approche aussi de Dolores qui lui fait une révérence; s'arrêtant d'un air triste et la saluant.*) Puisse mon arrivée n'être un sujet de peine pour personne!

DOLORES, *avec effort.* Vous ne le pensez pas, monsieur.

FERNAND, *à part, avec étonnement.* Arthur de Lucenay... lui, dans cette maison?

LUIZA. Bon Dieu! quel ton cérémonieux... soyez donc moins froid, moins réservé... un jour qui annonce le bonheur.

FERNAND. Le bonheur!.... comment y croire avant qu'il ne soit venu?

LUIZA, *le rapprochant de Dolores, et l'obligeant à l'embrasser.* Tenez, monsieur, le voilà... allons donc, allons donc...

ARTHUR. Maintenant, don Fernand, permettez à une ancienne connaissance de se féliciter d'une rencontre si peu espérée.

FERNAND, *froidement.* Je ne l'espérais pas en effet, monsieur... Est-ce que ces dames ont depuis long-temps l'avantage de vous posséder?

ARTHUR. J'habite le pays depuis trois mois environ... et l'accueil flatteur que j'y ai reçu m'a fait presque oublier ma belle France.

FERNAND, *avec intention.* Et l'Angleterre, monsieur, l'accueil flatteur que vous y avez reçu, l'avez-vous oublié aussi?

DOLORES, *à part.* Que veut-il dire?

ARTHUR, *bas à Fernando.* Monsieur, un mot de plus sur ce sujet, ne serait pas généreux.

FERNAND, *de même.* Tranquillisez-vous, monsieur, je sais quels égards on doit à un hôte, et à un étranger... tant qu'il s'en montre digne...

LUIZA, *à part.* Que se disent-ils donc ainsi?

DONA MENTIA. Ma fille, don Fernand a sollicité un entretien particulier, que je viens de lui accorder en votre nom.

FERNAND. J'attendrai toutefois qu'il vous plaise de ratifier cette promesse.

DOLORES. Je suis prête à vous entendre.

DONA MENTIA. Ainsi, mes enfans, nous allons vous laisser... monsieur Arthur, votre bras.

ARTHUR, *bas à Dolores.* Je vous attends au jardin.

DOLORES, *de même.* Dès que je serai libre....

DONA MENTIA, *revenant.* A propos, don Fernand, avez-vous pu faire les démar-ches que je demandais en faveur de notre petit cousin.

FERNAND. De Pérez, je m'en suis sérieusement occupé.

LUIZA. Merci pour lui et pour ses administrés... allons, du courage... et bon espoir....

(Arthur, Luiza, dona Mentia sortent.)

SCENE VII.

DOLORES, FERNAND.

FERNAND. Vous savez, senora, le motif de mon retour?...

DOLORES. Ma mère me l'a appris.

FERNAND. Et cette nouvelle?... vous baissez les yeux, oh! je sais, Dolores, que vous avez dû conserver un triste souvenir de la figure sombre que j'ai toujours apportée au milieu des joies de votre enfance... hélas! vous que le malheur ne touchera pas, je l'espère, de sa main glacée, vous ne pouvez comprendre les rides qui, si jeune encore, ont sillonné mon front.

DOLORES. J'ai souvent déploré vos douleurs.

FERNAND. Orphelin dès ma naissance, confié à des mains mercenaires... j'ai grandi privé de tendres affections!... et lorsque plus tard je me mis à chercher un ami au milieu des jeunes gens qui m'entouraient, je ne trouvai que froideur et moquerie... Enfin, j'avais rencontré un homme qui m'avait compris, aimé comme je le désirais... cet homme .. on me l'a tué!...

DOLORES, *émue.* Je l'ai su... et je vous ai plaint...

FERNAND. Un autre aussi avait eu pitié de moi : vieillard plein d'une douce et indulgente amitié, c'était votre père, lui aussi je l'ai vu mourir... mais en expirant, il voulut me nommer son fils, il me demanda de vivre pour veiller sur vous... et plus tard, ce vœu du vieillard devint mon seul espoir, ma seule consolation; car, la jeune fille avait grandi et était devenue belle!...

DOLORES. Monsieur...

FERNAND. Dolores, vous ne pouvez savoir combien je puis, combien de dois aimer... moi toujours contraint de refouler dans mon cœur ce que Dieu m'avait donné de tendresse... songez que j'ai reporté sur vous toute la puissance de mon amour, et que je vous aime à vous seule comme d'autres aiment ensemble leurs amis, leurs frères, leur famille... et que pour vous mon amour est à la fois ardent et sacré.

DOLORES, *à part.* Oh! mon Dieu! détruire cette seule espérance... briser son ame!...

FERNAND. Mais pardon, Dolores, je vous parle un langage que je m'étais promis d'éviter... vous qui n'avez connu que de douces et calmes affections, vous ne pouvez comprendre l'expression passionnée, presque violente d'une ame qui a toujours souffert... oui, je vous ai effrayée, Dolores... et vous ne trouvez pas un mot à me répondre... et votre main tremble... oh! vous ne pourrez jamais m'aimer!...

DOLORES. Il y a si long-temps déjà que nous sommes séparés!... et puis, c'est la première fois que vous me parlez ainsi...

FERNAND. Eh bien! un mot seulement: votre mère m'a donné une assurance que je vous demande de confirmer.

DOLORES. Parlez, monsieur.

FERNAND. Pendant mon absence, votre cœur ne s'est-il laissé entraîner vers aucun des jeunes gens qui ont dû chercher à vous plaire... Oh! vous pâlissez... vous ne répondez pas...

DOLORES, *avec effort.* Don Fernand... ma mère a dit vrai!...

FERNAND. Assez, assez, senora, maintenant, je n'interroge plus... d'abord, je voulais que cette entrevue décidât de mon sort... je voulais en sortir perdu ou sauvé! j'aime mieux attendre encore... garder un peu d'espoir... que ma destinée reste entre vos mains... interrogez bien votre cœur, Dolores... un mot de vous peut effacer tous mes malheurs passés... mais si vous me repoussez, retardez votre réponse... pour un malheureux comme moi, il y aura encore des charmes dans le doute... et puis, c'est ma dernière chance au jeu de la vie!...

DOLORES. Demain, don Fernand, vous aurez ma réponse...

FERNAND. Demain!...

DOLORES, *à part.* Mon Dieu! prenez pitié de lui et de moi!...

(Elle sort.)

SCENE VIII.

FERNAND, *puis* LUIZA.

FERNAND. Non, elle ne m'aime pas; elle ne peut m'aimer encore... mais aucun autre n'a touché son cœur, elle me l'a dit... Eh bien! elle ne m'épousera peut-être d'abord que par devoir, mais je l'en-

tourerai de tant de dévouement et d'amour... que plus tard...

LUIZA, *entr'ouvrant la porte.* Quoi vous êtes seul?... où donc est Dolores?..

FERNAND. Elle me quitte à l'instant.

LUIZA. Sitôt!.. et vous êtes content de cet entretien?

FERNAND. Hélas! ma bonne Luiza, que pouvais-je espérer?.. un peu d'amitié, peut-être... jamais d'amour...

LUIZA. Et pourquoi pas beaucoup d'amitié et... et un peu d'amour?...

FERNAND, *tristement.* Suis-je fait pour en inspirer?

LUIZA, *confidentiellement.* Oui!...

FERNAND. Que dites-vous?

LUIZA. Je dis oui... ah ça! monsieur, n'avez-vous voyagé que dans des déserts?.. ne vous êtes vous arrêté que dans des lieux où il n'y avait ni femmes, ni miroirs?...

FERNAND. Comment?...

LUIZA. C'est qu'en vérité, ça me révolte de vous voir si craintif, si défiant de vous-même... vous seriez affreusement laid que vous ne parleriez pas autrement... mais sachez donc que vous êtes bien, très-bien même, et que pour ne pas vous aimer, il faudrait que ma cousine fût folle ou aveugle..

FERNAND. Malgré moi je tremble toujours qu'un autre?...

LUIZA. Et quel autre qui vous vaille?.. d'ailleurs il ne vient ici que mon cousin Pérez Inigo, et l'alcade Pérez n'est pas dangereux, ensuite M. Arthur...

FERNAND. Arthur... ses visites sont-elles bien fréquentes?

LUIZA. Beaucoup trop... oh! il me déplaît...

FERNAND. Tout le monde ici partage-t-il votre opinion sur son compte?..

LUIZA. Il n'y a que moi qui le dise hautement, mais je suis certaine que ma tante?

FERNAND. Et Dolores?...

LUIZA. Dolores, elle ne l'aime pas davantage. (*S'approchant de la fenêtre.*) Tiens, c'est singulier, l'obscurité ne me trompe pas; la voilà qui revient avec lui du jardin... elle le laisse et rentre chez ma tante.

FERNAND, *à part.* Ensemble... oui, ensemble... elle en me quittant!...

LUIZA. Il l'aura arrêtée, il est si bavard!... mais encore une fois, Fernand, plus de confiance; je vous assure, moi, qu'il est impossible qu'on ne vous aime pas...

(Elle sort.)

SCENE IX.

FERNAND, FORTUNÉ.

FERNAND. Qu'avaient-ils donc à se dire ? cet Arthur...

FORTUNÉ, *il entre en riant.* Ah! ah! ah! en voilà une d'aventure... ah! ah! ah! (*Voyant son maître.*) Tiens, imbécile, je ris comme un sans cœur... c'en est assez pour faire pleurer monsieur...

FERNAND. Qu'est-ce donc?.. qu'as-tu?..

FORTUNÉ. Ce que j'ai?.. je ne sais pas ce que j'ai?

FERNANDO. Comment?

FORTUNÉ. Non, je n'en ai jamais vu d'aussi grosse et d'aussi large.

FERNAND. Mais quoi?

FORTUNÉ. Une pièce d'or qui vient de me pleuvoir, je ne sais d'où. Figurez-vous, monsieur, que je rôdais dans le jardin... comme je restais en admiration devant des orangers couverts de citrons véritables. et entièrement mûrs encore, l'obscurité survint, et je m'égarai dans les allées. Tout-à-coup, je vois passer deux ombres, une d'homme et une de femme. . et j'entends l'ombre d'homme qui disait à l'ombre de femme : « Il n'y a pas de temps à perdre, partons cette nuit même, il le faut. »

FERNAND, *vivement.* Fuir.. cette nuit.. c'étaient eux peut-être...

FORTUNÉ. Possible!.. l'ombre de femme, qui paraissait fort agitée, répondit en fondant : « Mais il en mourra lui!... il en mourra... car il me disait : par vous, je serai sauvé ou perdu.. »

FERNAND, *avec force.* Tu as entendu cela?... oh! réponds... réponds!..

FORTUNÉ, *effrayé.* Mais oui, monsieur.

FERNAND. Et tu ne t'es pas trompé?

FORTUNÉ. Non, monsieur... (*A part.*) Voilà le malheur en question qui lui arrive.

FERNAND. Ensuite?... achève... achève...

FORTUNÉ. Dam! monsieur, j'avais beau retenir ma respiration, l'homme n'est pas parfait, et il me prit une envie d'éternuer; alors, l'ombre d'homme me saisit par le bras : « Qui es-tu? — Citoyen français. — Et tu n'as rien entendu? — Complétement. — Tiens, prends, et va-t'en par ici. »

FERNAND. Et il t'a donné de l'or? c'est donc un Français... un Espagnol t'eût frappé de son poignard.

FORTUNÉ. Merci! j'aime mieux le procédé français.

FERNAND, *très-agité.* Oh! c'est lui, c'est bien lui! Arthur... ce qu'il a fait en Italie, ce qu'il voulait faire à Londres... il vient le faire ici... Partout avec lui la trahison, l'infamie. Dolores, imprudente jeune fille... Oh! les femmes... il faut donc pour leur plaire n'avoir ni ame, ni honneur.. elle aussi... séduite!.. séduite!. oh! mais cela ne peut pas être encore.

FORTUNÉ, *à part.* Quand je disais que ça lui arriverait... hum!.. maudite pièce, va!

(Il fait un geste comme pour jeter la pièce et la met dans sa poche.)

FERNAND, *continuant.* Si je le tuais, cet homme, elle me haïrait; si je le force à partir, elle le regrettera... me haïra encore... Et cette suite, cette nuit... oh! son père m'a confié sa fille et son honneur... Eh bien! ce départ, je saurai l'empêcher.. oui, oui, son honneur avant tout, avant son bonheur même, avant son amour.

(Il sort rapidement.)

FORTUNÉ, *le regardant aller.* Comme il va! comme il va!... Oh! scélérat de sort, faut-il que j'aie toujours du bonheur?.. Comment, grand égoïste, il ne t'arrivera pas le moindre fléau?... Pauvre cher homme!... il y a des momens où je me déteste, où j'ai envie de me mordre jusqu'au sang.

SCENE X.

DOLORES, DONA MENTIA.

(Fortuné sort en saluant.)

DONA MENTIA. Eh bien! ma fille, j'espère que vous êtes satisfaits tous deux de cet entretien.

DOLORES, *émue.* Ma mère, je ne pensais pas que ce mariage dût être aussi prompt; il me faut au moins quelques jours pour m'habituer à cette idée.

DONA MENTIA. Caprice de jeune fille... et moi qui croyais dans un instant présenter à nos amis Fernand, comme ton époux, comme mon fils.

DOLORES. Pas encore, ma mère... oh! pas ce soir; Fernand lui-même a compris.

DONA MENTIA. Eh bien! soit; mais voici l'heure de notre réunion, tâche au moins de quitter ce visage soucieux?

DOLORES. Oui, ma mère, je serai gaie... je tâcherai de l'être.

SCENE XI.

Les Mêmes, LUIZA, INIGO, Invités.

LUIZA. Oh! c'est charmant, nous voilà au grand complet. Jusqu'au respectable alcade, qui arrive en même temps que les autres; il n'en est pas de même au tribunal.

INIGO. C'est que la présence d'un homme aussi grave que je le suis n'est pas inutile pour tempérer la fougue d'une réunion aussi jeune... et je viens apporter à tout ce qui va se faire ou se dire la sanction de l'autorité.

LUIZA. Eh! vous ne pouvez rien sanctionner, magistrat sans fonctions.

INIGO, *à Dolores.* Ma charmante cousine a-t-elle à ce sujet une heureuse réponse à me donner?

DOLORES. Je sais que don Fernand s'est occupé de vous.

INIGO. Enfin, je pourrai donc bientôt vous marier toutes.

LUIZA. Oh! senor, rien ne presse; l'année n'est pas féconde en mariages.

INIGO. Comment? est-ce qu'il y a disette de maris?

LUIZA. D'ailleurs depuis le temps, vous ne sauriez peut-être plus comment nous bénir.

INIGO. Croyez-vous donc que j'aie oublié mon formulaire... mais au fait, dans votre propre intérêt, vous devriez m'aider à rappeler ma mémoire; qu'une de vous, senoras, me présente celui qu'elle aime... et je les unis... provisoirement.

DOLORES, *à part.* Bientôt dix heures, et il n'arrive pas.

LUIZA. C'est juste, au fait; alors, ce doit être par rang d'âge, et notre aînée à toutes, Dolores, nous donnera l'exemple.

DOLORES. Moi?

LUIZA. Et puis, il te sera peut-être moins difficile de faire un choix, ou du moins de l'avouer.

DOLORES. Comment?

LUIZA. Le choix est peut-être déjà fait?

INIGO. Allons, ma cousine, un peu de complaisance, aidez-moi à conserver ma main, et le souvenir de mes devoirs.

DOLORES. Modérez cette ardeur, Perez, moi, je n'aime personne.

LUIZA. Allons, voilà que tu prends encore ton air sérieux... tu vas toutes nous attrister.

DOLORES, *agitée.* Moi! oh! j'en serais désolée... mais non, je suis gaie, très-gaie, prête à prendre part à vos plaisirs. Voyons, que faisons-nous ce soir? Luiza, que proposes-tu? J'attends, et vous verrez si je serai la plus triste.

LUIZA. Écoute donc, comme je te soupçonne de dissimulation, je veux, puisque tu n'aimes personne, que l'on s'en rapporte au jugement de Dieu... et le premier cavalier qui entrera sera celui que nous te donnerons pour époux... provisoire.

INIGO. C'est cela; et moi, je vous marierai... toujours provisoirement.

DONA MENTIA, *qui cause à l'écart.* Allons, enfans, cessez donc de pareilles plaisanteries.

LUIZA. Laissez, ma tante; Dolores veut prouver qu'elle est d'une gaîté folle. Allons, attention au premier entrant.

TOUS. Attention!

(Tous les regards restent fixés avec curiosité sur la porte d'entrée.)

DOLORES, *à part.* Il ne vient pas!

(La porte s'ouvre.)

LUIZA, *avec joie.* C'est Fernand; le sort est juste.

DOLORES, *avec effroi.* Fernand!

SCENE XII.

Les Mêmes, FERNAND.

LUIZA, *le prenant par la main, et le conduisant devant Dolores.* Senor cavalier, fléchissez le genou devant votre dame et maîtresse.

FERNAND. Comment? expliquez-moi...

DOLORES. Vous devriez renoncer à cette folie, le caractère grave de don Fernand.

FERNAND. Ah! c'est une plaisanterie.

LUIZA. Le sort vous condamne à être le mari de Dolores... pour toute la soirée.

INIGO. Et me voilà prêt à vous unir.

FERNAND. Nous unir, vous?

DOLORES. De grâce!..

LUIZA. Passons dans la chambre voisine, nous ne manquerons pas de témoins.

DOLORES. Pardonnez, Fernand... je ne vous exposerai pas...

FERNAND, *gravement.* Mais pourquoi, senora?.. il faut bien un peu se prêter aux plaisirs de ces jeunes filles.

INIGO. Allons, je suis prêt.

FERNAND, *prenant la main de Dolores.* Nous unir! (*après un instant d'hésitation*) allons, senora.

(Ils sortent suivis de tout le monde.)

SCENE XIII.

LUIZA, DONA MENTIA.

DONA MENTIA. Et c'est avec de semblables légèretés que Perez espère fléchir ses supérieurs.

LUIZA. Bah ! ma tante, c'est en famille, personne ne le saura.

DONA MENTIA. Vous êtes aussi folle que lui.

LUIZA, *regardant dans la pièce voisine.* Mais voyez donc, ma tante, quel air de gravité y met don Fernand... et Dolores... elle semble émue comme si cela était sérieux. L'alcade leur fait les questions d'usage avec une solennité... on prononce le oui fatal... l'anneau de Fernand passe au doigt de Dolores... tout est terminé.

SCENE XIV.

Tous, *puis* ARTHUR.

DOLORES, *très-émue.* Finissons tout ceci ; don Fernand, veuillez reprendre votre bague.

FERNAND. Pas encore, de grâce !

DOLORES, *à part.* Oh ! je suis toute tremblante... il me faisait peur.

ARTHUR, *qui est entré, et s'est approché d'elle. Bas.* Tout est prêt... dans une heure, nous pourrons partir.

FERNAND. Partir ?

ARTHUR, *haut, saluant.* Permettez, senora...

FERNAND, *se plaçant entre eux deux.* Vous vous trompez, monsieur, ce n'est plus la senora Dolores.

ARTHUR. Comment ?

FERNAND, *avec force.* C'est dona Fernand de Mentia... ma femme !

TOUS. Sa femme !

DOLORES, *vivement.* Mais monsieur, cette cérémonie... l'alcade.

INIGO. Sans doute.

FERNAND, *sortant un papier.* Seigneur alcade, j'avais sollicité pour vous... je viens de recevoir cette dépêche du ministère ; depuis trois jours, vous êtes réintégré...

INIGO. Quoi ! depuis trois jours !

FERNANDO. Vous avez droit de marier, (*à Dolores, lui étendant la main sur l'épaule*) et vous voyez bien que vous êtes ma femme.

ACTE II.

Même décoration qu'au premier acte.

SCENE PREMIERE.

FERNAND, *seul.*

Enfin, les dangers de cette nuit sont passés... Pauvre Dolores, combien tu as dû maudire ma vigilance de geôlier ! Et c'est en me faisant maudire de toi que j'aime plus que ma vie, qu'il faut que je te sauve de l'égarement passionné de ton cœur. Il faut qu'aux yeux de tous je donne à ma conduite une apparence de bizarrerie mystérieuse, déloyale même ; car il faut qu'aux yeux de tous la vérité soit cachée ; il faut que ta mère elle-même ignore la séduction dont tu as failli être victime... Et lui, ton amant, qui, cette nuit sans doute, attendait le signal convenu pour votre fuite, de quelle impatience n'aura-t-il pas été dévoré en ne le voyant pas paraître !... de quelle fureur jalouse n'aura-t-il pas été transporté, s'il a su que j'avais obtenu de l'estime de ta mère le droit de veiller près de toi dans cette chambre... mais il aura contenu son impatience, renfermé sa fureur ; il n'aura pas osé pénétrer jusqu'ici... son audace aura hésité devant le danger... Oh ! c'est que, je le jure, s'il était venu ainsi, moi, sans pitié, sans remords, je l'aurais tué, l'infâme !..

SCENE II.

FERNAND, FORTUNÉ.

FORTUNÉ, *à part.* Il paraît que mon maître n'a guère dormi non plus, et qu'il n'a pas eu la peine de s'habiller en se levant ce matin.

FERNAND. Eh bien, Fortuné ?

FORTUNÉ. J'ai suivi vos ordres, monsieur ; j'ai fait sentinelle toute la nuit sous la fenêtre, dans le jardin.

FERNAND. Qu'as-tu remarqué ?

FORTUNÉ. Bien des choses.

FERNAND. Quoi donc ?

FORTUNÉ. Faut-il vous dire en détail tout ce que j'ai vu...

FERNAND. Tout ce que tu as vu.

FORTUNÉ. D'abord à huit heures trente-cinq, heure de l'almanach, le soleil s'est couché...

FERNAND. Après?

FORTUNÉ. À neuf heures, nuit complète, je n'ai plus rien vu...

FERNAND. Mais...

FORTUNÉ. La lune s'est levée à dix.... alors, monsieur, moi qui aime à voir les lieux qui m'entourent, j'ai été ravi.... et puis je me disais : Regarde, Fortuné, voilà que pour éclairer un simple mortel comme toi, la nature envoie un de ses phénomènes.... et toi-même, mon garçon, n'es-tu pas un phénomène? toi, né dans la Normandie, le pays du cidre et des femmes blondes, et qui te promènes nonchalamment au clair de la lune sur le sol de l'Espagne... l'Espagne, la patrie des femmes brunes, du chocolat de Bayonne et des oranges de Portugal...

FERNAND. Mais ce n'est pas là ce que je te demande.

FORTUNÉ. Vous me demandez ce que j'ai vu...

FERNAND. Sans doute...

FORTUNÉ. Eh bien ! monsieur, excepté la lune, les étoiles, des papillons noirs et des chauves-souris, je n'ai vu rien autre chose

FERNAND. Cela suffit...

(Il ne l'écoute plus.)

FORTUNÉ, *à part.* Au fait, il ne m'avait pas expliqué la cause de la faction... c'était peut-être pour veiller aux fruits du jardin, servir d'épouvantail aux oiseaux..... voilà ces dames, je me retire.

SCENE III.

FERNAND, DONA MENDORA, LUIZA.

LUIZA. Vous aussi, Fernand, vous avez veillé!... ah ! quelle nuit vous nous avez fait passer à toutes !...

FERNANDO. Croyez que j'en souffre plus que vous... plus qu'elle-même...

LUIZA. Elle a bien souffert, pourtant.

DONA MENTIA. La pauvre enfant, est-elle plus calme enfin ?

LUIZA. Elle a long-temps pleuré, sangloté, prié... oh! alors, sa douleur me faisait bien mal, et je pleurais aussi, moi.

FERNAND. Et vous me maudissiez avec elle.... moi, l'auteur de ses maux.... moi dont la conduite semble digne de tant de mépris !..

DONA MENTIA. Moi, je ne vous maudis pas, Fernand : n'êtes-vous pas l'époux que mon cœur avait choisi pour ma fille?..

LUIZA. Et moi je vous aime toujours comme un bon parent... mais ne pouviez-vous vous dispenser...

DONA MENTIA. Eh ! qu'importe, un peu plus tôt, un peu plus tard, puisque cela devait être...

LUIZA. Oh ! ma tante, c'est que ma sérieuse cousine est femme, après tout; et qu'une femme ne pardonne jamais une déloyauté, même à celui qu'elle aime.

DONA MENTIA. Mais enfin, comment est-elle maintenant?...

LUIZA. Mais, après bien des larmes, elle a tout-à-coup cessé de pleurer... Non, a-t-elle dit, non, je ne suis pas la femme de Fernand ; je ne suis pas mariée, il le sait bien, il ne soutiendra pas une action aussi étrange... et le conseil ne peut consacrer une telle union.

FERNAND. Non, sans doute, et ce mariage sera déclaré nul....

DONA MENTIA. Et moi, mon ami, je pense le contraire. Hasard ou méprise, ce mariage ne fait que remplir la dernière volonté de mon époux. D'ailleurs, j'ai fait des démarches, et j'ai invoqué dans ce but une puissante recommandation.

FERNAND. Je ne veux pas même espérer la confirmation d'un lien formé sous d'aussi tristes auspices.

DONA MENTIA. Allez, mon ami, mon fils, ne vous effrayez pas d'un caprice de jeune fille... plus tard, cette douleur, cette colère passeront; elle vous pardonnera, vous aimera...

FERNAND. Elle me pardonnera ! oui, je l'espère... mais m'aimer !..

LUIZA. J'entends ma cousine.

SCENE IV.

LES PRÉCÉDENS, DOLORES.

(Dolores entre lentement l'œil fixe, et portant sur sa figure pâle l'empreinte d'une grande douleur concentrée. Dans toute cette scène, sa parole est brève et amère.)

DOLORES. Ah ! don Fernand...

(Elle fait un mouvement comme pour se retirer.)

FERNAND, *s'avançant vers elle.* Oh ! je vous en supplie... restez...

DOLORES. Vous me suppliez, monsieur, il vous siérait mieux de me l'ordonner...

FERNAND. Moi... Dolores...

DOLORES. Mais n'agissez vous pas déjà en maître ici?... n'avez-vous pas voulu rester dans cette maison, dans cette chambre, comme si votre droit eût été incontestable...

DONA MENTIA. J'y avais consenti, ma fille...

DOLORES. Oui, ma mère, mais ce consentement devait-on vous le demander?.. (*Avec fierté.*) Mais, don Fernand, pour agir comme vous le faites, êtes-vous bien sûr des droits que vous avez sur moi... sur mon cœur?.. vous n'en avez plus, vous ne pouvez plus en avoir... et sur ma personne, croyez-vous donc, monsieur, que le conseil les confirmera?

FERNAND. Accablez-moi, Dolores, je ne puis encore me justifier...

DOLORES, *avec colère.* Se justifier, bon Dieu! l'entendez-vous... mais, il est vrai, voici ma cousine qui vous regarde elle sans colère, sans mépris; et ma mère, ma mère qui a vu ma douleur et qui ne vous hait pas... En vérité, vous n'avez pas besoin de vous justifier, monsieur, c'est moi qui ai tort, qui suis folle, indigne de vous, qui dois vous demander pardon de mes larmes, de ma colère; c'est à moi de me jeter à vos pieds, comme une esclave qui a fui sa chaîne, et qui vient, suppliante, demander qu'on lui permette de la reprendre...

(Fernand, accablé, reste la tête appuyée dans ses mains.)

DONA MENTIA. Oh! ma fille, ma fille!..

DOLORES. N'est-ce pas, ma mère, vous l'aimez bien, vous, ce noble Fernand; vous l'aimez comme votre fils, et votre fille est insensée de ne pas l'aimer comme son époux... N'est-ce pas, ma mère, que je suis une fille rebelle, que peut-être vous allez maudire?..

DONA MENTIA. Cruelle enfant... parler ainsi à ta mère...

DOLORES, *se jetant dans les bras de sa mère en sanglotant.* Ma mère! ma mère! oh! c'est que je suis si malheureuse...

LUIZA, *à Fernand.* Ma pauvre cousine... c'est plus sérieux que je ne le pensais... si vous le pouvez, Fernand, hâtez-vous de vous justifier...

FERNAND. Pas encore.... je ne le puis....

UN DOMESTIQUE, *annonçant.* M. Arthur de Lucenay.

LUIZA. M. Arthur... maintenant...

FERNAND, *vivement.* Quoi! il ose... dites-lui...

DOLORES, *se retirant des bras de sa mère et interrompant Fernand avec force.* Je vous dis, monsieur, que vous n'êtes pas encore maître, non, je ne vous reconnais pas encore le droit de commander ici... (*Au domestique.*) Faites entrer M. Arthur...

SCÈNE V.

LES PRÉCÉDENS, ARTHUR.

ARTHUR, *à Dolores.* Je viens, senora, de la part de l'alcade, vous dire que le conseil est maintenant assemblé, et que l'alcade Perez, en avouant hautement sa légèreté, espère vous faire rendre justice.

DONA MENTIA. Que pensez-vous donc qu'il soit décidé?

ARTHUR. Je pense, madame, que votre fille ne sera pas condamnée à subir les conséquences d'une indigne surprise.

DONA MENTIA. Mais à quel titre vous, un étranger, vous mêlez-vous de cette affaire?..

ARTHUR, *embarrassé.* A quel titre?

DOLORES. Moi je vous en remercie, monsieur... ces démarches, je les accepte... puisque dans ma famille chacun semble vouloir m'engager malgré moi, il faut bien que j'accepte la protection d'un étranger... la vôtre, monsieur Arthur...

ARTHUR. Je tâcherai de me montrer aussi digne de cette confiance que j'en suis fier.

FERNAND. Vous êtes un noble protecteur en effet, monsieur Arthur.

ARTHUR. Du moins je sais me faire accepter, don Fernand.

FERNAND, *à mi-voix.* Vos démarches ont dû être surtout dangereuses pour moi... vous savez si bien comment on fait annuler un mariage...

ARTHUR, *de même.* Mais je tiens surtout à ce qu'elles réussissent aujourd'hui... et elles réussiront...

FERNAND. Peut-être!..

SCÈNE VI.

LES PRÉCÉDENS, INIGO.

(Inigo entre. Silence et anxiété générale. Inigo reste à la porte, les yeux baissés, et tout abattu.)

DOLORES, *s'approchant froidement de lui.* Eh bien! parlez... qu'a décidé le conseil?

INIGO. Je ne suis plus alcade...

DOLORES. Ceci est juste déjà... ensuite...

INIGO. Dieu m'est témoin que si je déplore ma fatale légèreté, ce n'est plus pour ma fortune, pour mon état perdu... mais bien pour le malheur que j'ai attiré sur vous.

DOLORES. Mais parlez, parlez donc...

INIGO. Pardonnez-moi... et soumettez-vous... dona Fernand.

ARTHUR. Quoi ?

INIGO. Le mariage est reconnu valable.

DOLORES. Ah ! mon Dieu, vous l'avez permis !

(*Elle tombe accablée, Arthur s'empressant près d'elle.*)

ARTHUR. Dolores... oh ! mais il faut la secourir... qu'on appelle un médecin...

FERNAND. A moi seul appartient de secourir ma femme, à moi seul le droit de commander ici.

ARTHUR. Que dites-vous ?

FERNAND. Je dis que je suis chez moi, et que je vous ordonne de sortir.

ARTHUR. Chez vous..... cela est vrai.... mais... nous nous reverrons, monsieur.

DONA MENTIA. Mon Dieu! quel air menaçant... ma fille, me serais-je trompée à ce point?

FERNAND, *à Dolores.* Rassurez-vous, Dolores, vous restez maîtresse de vos volontés, je n'exige rien, je ne demande rien... la maison de votre mère sera, tant que vous le voudrez, un asile inviolable pour vous.... en ce moment, ma présence vous est odieuse... je me retire... et je ne reviendrai que si vous daignez me faire appeler, ou accéder à une demande que je vous adresserai bientôt peut-être.

(Il sort.)

●●●●●●●●●●●●●●●●●●●●●●●●●●●●●●●●●●●●●●

SCENE VII.

DOLORES, LUIZA, DONA MENTIA.

DONA MENTIA. Allons, mon enfant..... essaie de réfléchir... de te calmer...

DOLORES. Me calmer ! il le faut bien, puisque les interprètes de la loi m'ont déclarée soumise à l'amour d'un homme que mon cœur repousse.

LUIZA. Mais cette haine... ne peut durer toujours...

DOLORES. Toujours...

DONA MENTIA. Pauvre enfant... mais que de douleurs pour l'avenir si cela était vrai !..

DOLORES, *lui prenant la main.* Et cela est vrai, ma mère !..

LUIZA. Mais, ma cousine, tout le monde connaît le caractère, les vertus de Fernand, et en vérité on se sent plus porté à te blâmer qu'à te plaindre...

DOLORES. Eh bien! j'aime mieux qu'on me blâme....je serai seule à souffrir, au moins...

DONA MENTIA. Dolores... mon enfant... seule à souffrir, dis-tu.. et moi, et ta mère ?

DOLORES. Oh pardon! pardon, ma bonne mère... oui, vous souffririez de mes douleurs... et pour vous, pour vous je dois me résigner..

LUIZA, *à part.* Allons... elle pleure maintenant... j'aime mieux cela que sa douleur muette et froide...

DONA MENTIA. Et puis dans l'entretien que vous avez eu le jour de son arrivée, tu n'as pas repoussé son amour... ce retard que tu lui demandais, il pouvait l'attribuer à une crainte pudique... mais écoute-moi donc...

DOLORES, *absorbée.* Oui.... je vous écoute...

LUIZA. D'ailleurs, est-il possible de se conduire avec plus de délicatesse ?

DONA MENTIA. Avec quel respect il se soumet.. voyons, juge toi-même, mon enfant... mais réponds-moi ...

DOLORES. Oui... oui.

DONA MENTIA. De lui même, il a déclaré que tu resterais ici, dans la maison de ta mère, libre comme si tu n'étais pas mariée, comme s'il n'avait pas le droit d'exiger que tu vinsses occuper dans sa maison la place que devrait y occuper sa femme....

DOLORES. Sa femme... sa femme. . c'est vrai, mon Dieu! je suis sa femme.

●●●●●●●●●●●●●●●●●●●●●●●●●●●●●●●●●●●●●●

SCENE VIII.

LES MÊMES, FORTUNÉ.

FORTUNÉ, *d'un air embarrassé.* C'est une lettre... de la part de mon maître... pour madame.... mademoiselle.... non, non, pour (*A part.*) Ma foi je ne sais pas lequel... (*Dolores prend la lettre qu'elle garde à la main sans la lire*) pardon, mademoi... madame... (*A part.*) que c'est gênant de ne pas connaître la profession des gens. (*Haut.*) Mon maître désire une réponse... une pauvre petite ré...

DOLORES. Dites à votre maître que, quel que soit l'objet de cette lettre, maintenant, sa volonté doit être la mienne...

FORTUNÉ, *vivement.* Votre parole d'honneur... (*plus doucement*) c'est que je crois qu'il demande la permission de venir...

DOLORES. Eh bien! je l'attends...

FORTUNÉ. Vrai... ah ! que le bon Dieu vous le rende...brave dame, allez...(*Apart.*) Décidément, c'est ça le vrai nom.

DONA MENTIA. Allez, allez, mon ami...

FORTUNÉ. Si j'y vais... pour une si bonne nouvelle... c'est-à-dire, que j'y cours... j'y vole... (*Il sort en courant, et se heurte le genou à un fauteuil.*) Faites pas attention... je sais ce que c'est...... c'est la bonne nouvelle de monsieur.

(Il sort.)

SCENE IX.

DONA MENTIA, LUIZA, DOLORES.

LUIZA. Pauvre garçon... il faut que le maître soit bien triste pour que le valet le soit tant...

DONA MENTIA, *à Dolores.* C'est bien, mon enfant... tâche de lui parler avec calme...

DOLORES. Peut-il en être autrement?.. je suis sa femme!..

DONA MENTIA. Et tu lui diras...

DOLORES. Moi, j'attendrai ses ordres...

DONA MENTIA. Des ordres.. Fernand, ne t'en donnera jamais... On vient, je compte sur toi ma fille... songe que Fernand...

DOLORES. Est mon mari... mon maître... je ne l'oublierai pas, ma mère!

SCENE X.

LES MÊMES, FERNAND.

FERNAND, *entrant.* Veuillez me pardonner, si au lieu d'attendre votre volonté, j'ai sollicité la grâce de vous voir...

DOLORES. Ce n'est pas une grâce, monsieur, c'est un droit...

FERNAND. Quelles que soient les apparences, croyez que je n'abuserai jamais d'un hasard...

DOLORES, Dont vous avez cruellement profité cependant... toutefois, je dois vous remercier d'un procédé que je ne pouvais plus espérer... et la liberté que vous voulez bien me laisser....

FERNAND. Que je vous laisserai toujours...

DOLORES. Je voudrais pouvoir m'en montrer plus reconnaissante, monsieur...

FERNAND. Peut-être qu'un jour vous me croirez digne d'être traité, sinon en époux, du moins en ami..

DONA MENTIA. Elle vous rendra justice, Fernand... mon ami... mon gendre...

(Elle lui tend la main.)

FERNAND. Merci de cet espoir... mais c'est pour justifier une conduite étrange,

que je vous prie de m'accorder un entretien, une explication...

DOLORES. Que je désire aussi, monsieur, car il faut bien que nous sachions tous deux la vérité sur notre position... mais cet entretien sera long, pénible surtout.. permettez que je m'y prépare, j'ai besoin de recueillir mes forces... j'ai besoin de prier... venez, ma mère, nous prierons ensemble...

FERNAND. Je me retire... et lorsqu'il vous plaira...

DOLORES. Non, monsieur.... restez.... vous êtes ici...chez vous... venez, ma mère.

(Elles sortent.)

LUIZA , *tendant la main à Fernand.* Et moi aussi, Fernand, je vais prier pour vous et pour elle...

FERNAND. Merci, ma bonne Luiza, merci...

LUIZA. Elle vous en veut cruellement, votre bonne Luiza... de lui donner envie de pleurer, elle qui aime tant à rire...

(Elle sort.)

SCENE XI.

FERNAND, *puis* ARTHUR.

FERNAND. Hélas! je le vois, ma vie s'accomplira comme elle a commencé.... jamais de bonheur, jamais d'amour... du moins, je l'aurai sauvée... et maintenant, pour qu'elle soit moins malheureuse, il faut que j'arrache de son cœur l'amour qu'elle garde pour cet Arthur... quand elle saura bien ce qu'il est, tout le mépris qu'il mérite, elle se consolera peut-être d'en être séparée...

(Il s'assied ; Arthur entre sans voir Fernand.)

ARTHUR. Il faut que je la voie... oh! je lui parlerai à tout prix, et malgré cet homme, qui semble un mauvais génie toujours placé sur mes pas...

FERNAND, *se levant sans se montrer.* Arthur ici, quelle audace!..

ARTHUR. Personne ne m'a vu...

FERNAND, *se montrant.* Excepté moi, pourtant...

ARTHUR. Vous!.. (*se remettant*) je ne vous cherchais pas en cet instant, et pourtant, je vous jure que j'avais l'intention de vous rendre ma visite.

FERNAND. Et moi, je pensais que mieux conseillé, vous étiez déjà parti pour éviter la mienne...

ARTHUR. Vous verrez bientôt que je ne suis pas de ces gens qui partent d'un pays sans acquitter leurs dettes.

FERNAND. C'est pourtant ainsi que vous avez quitté l'Angleterre...

ARTHUR. C'est qu'alors il ne s'agissait pas de régler un compte d'homme à homme... En Angleterre, la justice ne s'occupe-t-elle pas des affaires d'amour?..

FERNAND. Oui, quand elles ne peuvent plus être des affaires d'honneur...

ARTHUR. Très-bien, monsieur... entre nous deux, toute parole offensante devient un luxe inutile.. on ne tue qu'une fois, et j'ai déjà contracté deux dettes envers vous... l'une...

FERNAND. Qui date de Londres et que vous avez paru vouloir oublier...

ARTHUR. Dites plutôt en éloigner un peu le paiement...

FERNAND. Et moi, j'ai pu garder quelque pitié tant qu'il s'agissait de l'honneur d'une fille étrangère; mais vous avez voulu souiller celle qui devait porter mon nom... Oh! malheur à vous, car cette fois encore le hasard m'a bien servi, et je suis venu à temps...

ARTHUR. J'ai hâte de savoir si le hasard d'un combat vous servira aussi bien... Un combat mortel, entendez-vous?

FERNAND. Oh! comptez-y... mais plus tard...

ARTHUR. Comment?..

FERNAND. Votre haine vous fait désirer bien vite l'instant de ma mort... mais moi, qui ne fais que vous mépriser... j'attendrai...

ARTHUR. Mais vous n'êtes pas un lâche pourtant?..

FERNAND. Vous savez bien lequel de nous deux mérite ce nom...

ARTHUR. Monsieur!..

FERNAND. Oh! je ne suspecte pas votre courage... de duelliste... et je vous ferai l'honneur de me mesurer avec vous...

ARTHUR. Ah! enfin!

FERNAND. Mais dans une heure, car maintenant il faut que je parle à dona Fernand... à ma femme.

ARTHUR, à part. Sa femme!..

FERNAND. A ma femme que j'attends ici...

ARTHUR. Loyal époux... si *votre femme* ne vous parle que de l'amour que vous lui inspirez, l'entretien ne sera pas long.

FERNAND. Trop long peut-être si vous en faites les frais...

ARTHUR. Au revoir donc... et ménagez mon impatience...

FERNAND. Comptez sur la mienne.

(Arthur sort.)

SCENE XII.

FERNAND, *puis* DOLORES.

FERNAND. A bientôt, à bientôt, monsieur Arthur... Elle va venir... Oh! mon Dieu! la certitude d'un danger mortel me trouverait moins ému... c'est que là aussi, il y va de ma vie... Allons, du courage, et songeons qu'il s'agit aussi pour elle du repos de tout son avenir...

DOLORES, *entrant.* Me voici, monsieur, préparée à tout entendre... à tout vous dire... oui tout... Dieu m'en donnera la force...

(Ils s'asseyent.)

FERNAND. Je réclame votre patience pour une longue histoire... il s'agira moins de moi que d'un autre, que ma triste destinée m'a souvent fait rencontrer... d'un homme, qui marche insouciant et railleur, jetant l'insulte, la honte et le deuil sur tout ce qu'il rencontre... et cet homme, hélas! vous aussi, vous l'avez rencontré... Dolores...

DOLORES. Moi!.. mais, monsieur, je ne vous comprends pas!..

FERNAND. Pas encore... cela peut être... Un jour... c'était à Paris, le hasard me poussa au milieu d'une brillante orgie... Pendant le repas, lorsque les fumées du vin échauffaient les têtes, un toast fut porté à l'un de ces jeunes fous... A notre maître, s'écria-t-on, à celui qui, las de triompher en se jouant des plus difficiles beautés de notre France, a juré de lever un tribut sur l'Europe entière... à lui donc, et au premier succès de son audacieuse tentative... Alors un toast fut porté de nouveau; et ce lâche, fier de l'encens que lui jetaient ses amis, jura qu'il tiendrait parole... Mais que dis-je?.. ce lâche... oh! vraiment, pour ses amis, c'était au contraire un aventureux et intrépide jeune homme... ch que séduction était entourée de dangers... En Angleterre, il affrontait la rigueur des lois; en Italie, il bravait le poignard ou l'épée; partout enfin, il jouait sa vie contre une nouvelle conquête qu'il ambitionnait, non pour garder précieusement son amour, mais afin que, revenu à Paris, il pût dire à ses compagnons de débauche : Camarades, admirez les fruits de mon voyage : voici encore une fille que j'ai corrompue... une belle prostituée que je vous amène!..

DOLORES. Oh! mais cela est horrible...

FERNAND. Ce n'est pas tout cependant... Il avait de nouveau quitté la France; il s'agissait pour lui d'aller cueillir une palme plus glorieuse que celles ramassées en Italie, où l'amour est si facile à naître, si irrésistible dans son entraînement. C'était en Angleterre, à Londres, sous un ciel froid qui glace les mœurs et tempère les passions, que le séducteur devait choisir une nouvelle victime... Et moi aussi, je vins à Londres, et j'y vins à temps pour sauver une tendre et pure jeune fille, l'unique enfant d'un noble vieillard. Par moi, le père fut instruit; et pour que la honte du coupable devînt un remède à l'amour qu'il avait inspiré... on tendit piége contre piége; on le laissa agir... employer un faux prêtre, de faux témoins, un mariage simulé. Et maintenant, savez-vous quel était le chef de ces jeunes désœuvrés qui usent dans des débauches hâtives leur ame et leur fortune... quel était cet homme qui avait juré la honte et le déshonneur des familles... le savez-vous?.. Oh! vous le devinez, car je vous vois pâlir!..

DOLORES. Quoi!.. ce lâche .. c'était...

FERNAND. C'était Arthur de Lucenay!..

DOLORES. Arthur! ô mon Dieu!.. mon Dieu!.. un faux mariage, dites-vous, un faux prêtre... et puis après, n'est-ce pas une fuite prompte, un enlèvement... Oh! mon Dieu! et c'est là le sort qu'il me réservait...

FERNAND. Et puis, quand le mariage eût été vrai, une fois en France, la loi le rendait nul...

DOLORES. Oh! mais vous ne me trompez pas, vous êtes un homme loyal, Fernand, un pareil mensonge n'aurait pas souillé vos lèvres... J'ai rassemblé toutes mes forces pour vous entendre; j'ai dévoré ma souffrance, étouffé mes cris... mais maintenant, sur votre ame, sur votre salut éternel, jurez, jurez, monsieur, que vous ne m'avez pas trompée...

FERNAND. J'ai dit la vérité.

DOLORES. Mais si cela est pourtant... comment, lorsqu'il vous a revu ici, a-t-il pu supporter votre présence sans trembler et sans fuir?.. Comment ne l'avez-vous pas accablé de votre mépris... répondez, Fernand... quand on sait de tels crimes, quand on en rencontre l'auteur, est-ce qu'on ne l'écrase pas comme un infâme?..

FERNAND. Nous nous sommes vus face à face, et tous deux nous sommes restés calmes, lui, parce qu'il a l'audace du crime, moi, parce que j'ai le sang-froid de l'expérience... et d'ailleurs, c'était sans éclat, sans violence qu'il fallait empêcher votre fuite.

DOLORES. Quoi! vous saviez?..

FERNAND. Que vous deviez fuir cette nuit; oui, Dolores, et voilà tout le secret de ma conduite... voilà pourquoi j'ai saisi le hasard qui s'est offert, pour mettre un obstacle sacré entre vous et l'homme qui ne pouvait jamais être digne de vous!..

DOLORES. Vous saviez tout... et vous vouliez me sauver...

FERNAND. Ce mariage, je ne croyais pas qu'il serait déclaré valable; je ne voulais pas même l'espérer... et maintenant que je vous ai conservé l'honneur... garantie de cet homme... cette union sera nulle pour nous... Demain... aujourd'hui même, je quitterai de nouveau l'Espagne... et jamais vous n'entendrez parler de Fernand, ni de son malheureux amour...

DOLORES. Oh! pardon! pardon! de vous avoir calomnié dans mon cœur, vous qui êtes si loyal et si noble... Malheureuse! qui ai cédé à une fatale inspiration; qui ai pris pour de l'amour ce qui n'était que délire ou folie... quand je vous repoussais, vous que mon père mourant avait choisi; vous si généreux et si bon...

FERNAND. Oh! arrêtez, arrêtez, Dolores... Maintenant que cet Arthur n'est plus un rival que je redoute... ne me donnez pas un espoir qui devrait se dissiper... ne faites pas briller à mes yeux une première lueur de bonheur, s'il faut qu'elle s'évanouisse...

DOLORES. De l'espoir... du bonheur... hélas! Fernand, il n'en est plus... ni pour vous ni pour moi...

FERNAND. Que dites-vous?

DOLORES. Après vos aveux qui vous justifient, vous ennoblissent... viennent les miens qui me couvrent de honte.. A mon tour de demander grâce et de la demander sans espoir de pitié ni de pardon...

FERNAND. Vous.... vous, Dolores!.... mais qu'avez-vous donc à m'apprendre?..

DOLORES. Que, si j'ai pu me décider à fuir mon pays, ma famille, ma mère, c'est que ma famille m'eût reniée, méprisée; c'est que ma mère m'eût maudite... Si j'ai consenti enfin à accepter un nom déshonoré, c'est que j'ai pensé qu'il valait mieux laisser la honte derrière soi, que de rester à la braver en face...

FERNAND. Oh! je crains de vous comprendre.

DOLORES. Don Fernand, vous parlez de me conserver votre nom pur et sans tache... eh bien! il faut que vous sachiez tout, ce nom... le laisserez-vous à la maî-

tresse d'Arthur?.. le donnerez-vous aussi à la mère de son enfant?..

FERNANDO. Sa maîtresse! son enfant! oh! malheureux!.. malheureux!..

(Il reste accablé, Dolores est tombée à genoux.)

ACTE III.

Un salon.

SCENE PREMIERE.

DOLORES, FORTUNÉ.

(Au lever du rideau, Dolores, placée devant une table, est occupée à écrire : Fortuné se tient debout et semble attendre ses ordres.)

DOLORES, *à elle-même.* Oui, je veux du moins qu'il sache bien que je connais toute sa vie passée, que si je fus sa victime, désormais il ne me trompera plus par de faux dehors!.. Il ne faut pas que, triomphant, il se dise : cette femme, je l'ai indignement trompée, j'ai flétri sa vie... et elle m'aime toujours, elle me regrette et pleure d'être séparée de moi... oh! patience, Arthur, si je pleure maintenant... *(Se promenant à grands pas.)* Patience! et le temps viendra où je te montrerai qu'on ne se rit pas de notre amour, de notre honneur, comme on se rit peut-être de l'honneur et de l'amour de vos femmes de France...

FORTUNÉ. Je crois que je commence à en entendre un peu trop... voilà une heure que je suis là à écouter cette pauvre dame qui se parle à l'oreille... hum... hum...

DOLORES. Ah!... Fortuné... j'oubliais que vous étiez là...

FORTUNÉ. Je ne l'oubliais pas, moi, madame...voilà pourquoi je me suis permis le petit enrouement que vous venez d'entendre.

DOLORES. Où est... votre maître?

FORTUNÉ. Chez lui, madame.

DOLORES. Et que fait-il depuis?..

FORTUNÉ. Depuis sa dernière conversation avec vous.. hélas! madame, depuis ce moment-là, il a dû se préparer quelque chose de bien agréable pour moi, car le pauvre cher homme, il avait l'air accablé, malheureux... il se promenait à grands pas... comme vous tout-à-l'heure, se parlait à lui-même, comme vous tout-à-l'heure, disait des mots sans suite, des choses insignifiantes, comme vous tout-à...

DOLORES. Assez... et est-il un nom que vous lui ayez entendu prononcer avec colère?...

FORTUNÉ. Oui, celui de M. Arthur.... toujours comme vous tout-à-l'heure.

DOLORES. Oh! plus de doute alors... mais je ne veux pas exposer ses jours... Mon ami, tenez, chargez-vous de cette lettre, portez-la chez M. Arthur; s'il est absent, trouvez-le n'importe où...oh! vous le ferez, car il s'agit du repos, de la vie de votre maître...

FORTUNÉ. Oui, madame, oui, je le ferai et malgré notre destinée opposée encore ; car mon repos et ma vie, je sens là, voyez-vous, que je donnerais tout pour lui.

DOLORES. C'est bien... allez...

(Fortuné sort.)

SCENE II.

DOLORES, *seule.*

Mon Dieu!... mais il est donc des êtres sur qui s'appesantit votre colère!... Bien jeune encore, vous m'avez enlevé mon père, mon père que j'aimais tant et dont le bras et la voix eussent pu me soutenir... et maintenant qu'il me reste une mère, il faut que je sois cause de sa honte, de sa mort peut-être, oh! oui, car pour elle le déshonneur, c'est la mort!... Et que répondre lorsqu'elle me dira : Si ton cœur s'est donné à un autre, cet autre, tu ne dois plus l'aimer, car il est indigne de toi, car sa vie est celle d'un infâme, faudra-t-il lui dire : Cet autre est le père de mon enfant, mon enfant... malheureux dont la naissance sera une flétrissure éternelle, une honte ineffaçable que nul ne saura réparer, pauvre enfant qui grandira sans autre appui que ma main défaillante, qui ne lèvera les yeux que pour rencontrer des regards de mépris... Oh! vous le voyez bien, mon Dieu, qu'il est des êtres pour qui votre colère est sans pitié!

SCENE III.

DOLORES, DONA MENTIA.

DOLORES. Ma mère!...

DONA MENTIA. Oui, Dolores... oui, votre mère qui vient à vous sans larmes ni prières, car maintenant l'heure de la raison est arrivée... car tant qu'il restait quelqu'espoir d'annuler ce mariage, j'ai pu demander à Dieu de vous épargner une union que vous redoutiez injustement...

DOLORES. Injustement! ma mère... oh! mais c'est que vous ne saviez pas...

DONA MENTIA. Ce que j'ai deviné depuis peut-être...

DOLORES. Que dites-vous?..

DONA MENTIA. Ce qui naguère était une faute... et ce qui désormais serait un crime; enfin, vous en aimiez un autre...

DOLORES, *tombant à genoux.* Et vous ne m'avez pas maudite....

DONA MENTIA. J'ai pleuré sur l'enfant qui n'avait pas eu confiance en sa mère, j'ai pleuré sur vous, car je voyais bien que votre bonheur serait sacrifié au devoir, à l'honneur, mais j'ai séché mes larmes, parce que j'ai vu que ce sacrifice était indispensable, parce que j'ai songé enfin à don Mentia votre père?..

DOLORES. Mon père!... mon père! ah! je le disais bien que je n'aurais rien à leur répondre... mon Dieu!...

DONA MENTIA. Allons... relevez-vous...

relève-toi, ma fille... et s'il te reste un chagrin à me dire... une larme à verser... viens dans mes bras, car si sévère qu'elle se fasse, une mère est toujours mère, vois-tu... et son cœur se déchire quand pleure son enfant...

DOLORES. Ah! ma mère! ma bonne mère!... Mais, je n'ai plus rien à vous apprendre... à vous dire... car... car je ne veux pas la tuer, mon Dieu!...

DONA MENTIA. Je dois te prévenir que dans un instant, Fernand sera ici...

DOLORES. Lui... ici!..

DONA MENTIA. Je l'ai fait appeler, parce que je dois remettre en ses mains celle qui désormais ne doit plus le quitter, je l'ai fait appeler enfin, pour lui rendre sa femme!...

DOLORES. Il va venir... il va venir, mon Dieu!.. et s'il parle, s'il dévoile tout devant elle!.. Oh! ma mère...s'il en est temps encore, souffrez qu'avant cette entrevue...

DONA MENTIA. Le voilà...

DOLORES. *à part.* Mon Dieu, prenez ma vie, mais ne frappez pas ma mère de ce terrible coup.

SCENE IV.

LES MÊMES, FERNAND.

FERNAND. Dolores... (*A dona Mentia.*) Je me rends à vos ordres, madame...

DONA MENTIA. Don Fernand, c'est un hasard qui vous a fait mon gendre, hasard funeste, puisqu'il a pu un instant effrayer ma fille, puisque sans lui vous seriez aujourd'hui son époux sans que personne puisse jamais élever un doute sur votre bonne foi, sur votre loyauté, que je n'ai jamais suspectée, moi...

FERNAND. Merci, merci, madame, de cette bienveillante opinion... mais permettez-moi de vous dire que maintenant...

DONA MENTIA. Maintenant, revenue d'un premier sentiment d'étonnement, de frayeur, Dolores... votre femme comprendra les devoirs que le ciel et la dernière volonté de son père lui imposent.

FERNAND. Mais je ne puis...

DOLORES, *vivement.* Monsieur.... (*bas*) monsieur.

FERNAND. Ayez confiance en moi... Dolores...

DONA MENTIA. Dolores est votre femme, c'est vous que son père et moi lui avons choisi pour guide, pour soutien dans la vie... c'est entre vos mains que je dois la remettre...

DOLORES. Que va-t-il dire, mon Dieu?..

FERNAND. Il se peut madame, que votre fille, plus calme enfin, soit moins effrayée de la situation où le sort l'a placée : il se peut que confiante en mon honneur... en mon dévouement, elle attende ma volonté, mais souffrez que cette volonté, je tarde encore à la faire connaître... d'ailleurs celle de votre fille doit être consultée aussi, et dans un instant je la supplierai de me la faire connaître.

DOLORES. Oh! merci, merci, monsieur,

DONA MENTIA. Soit, nous vous laissons, à bientôt, à bientôt, mon gendre...

(Elles sortent.)

SCENE V.

FERNAND, *seul*, *puis*, FORTUNÉ.

FERNAND. Que faire?.. que devenir?.. Oh! Arthur... Arthur, son enfant! son enfant a-t-elle dit; l'enfant d'Arthur! la maîtresse d'Arthur! ah! malheureux!... et quand je lui disais les crimes de cet homme, quand je lui montrais sa honte, je m'applaudissais de voir la colère et le mépris entrer dans son cœur, et puis il me semblait que ses yeux me regardaient avec reconnaissance, que sa bouche me disait d'espérer... un instant même, je me suis laissé éblouir par un éclair de bonheur... Insensé! j'ai pu croire que le ciel me donnerait son amour... l'amour de la maîtresse d'Arthur... oh! maintenant, pourquoi lui ai-je parlé? pourquoi me suis-je justifié en lui donnant de la haine pour celui qui seul pouvait la sauver? pourquoi l'ai-je forcée à mépriser et maudire le père de son enfant?..

(Fortuné entre, il a une main sur son œil droit.)

FERNAND. Qu'y a-t-il?

FORTUNÉ. Une bonne nouvelle, monsieur.... je pourrais même dire... deux bonnes nouvelles...

FERNAND. Qu'est-ce donc?..

FORTUNÉ. Voilà d'abord la première, les lettres que vous attendiez d'Angleterre avec tant d'impatience...

FERNAND. D'Angleterre... donne...

FORTUNÉ. Quant à la seconde bonne nouvelle, voilà... (*il découvre son œil qui est tout noir*) ça doit présager quelque chose de très-bon pour lui... car ça me cuit horriblement...

FERNAND. Ce cachet, ces armes.. c'est de lord Dudley... du père de cette jeune fille que j'ai sauvée des pièges d'Arthur... les preuves de son crime qui m'arrivent maintenant, maintenant que je voudrais pour elle n'avoir pas dévoilé la honte de cet homme.

FORTUNÉ, *à part.* Si j'avais la moindre chose pour me bassiner...

FERNAND. Mais n'est-ce pas un jeu cruel du sort, qui me fait sauver une étrangère, pour envoyer plus promptement le séducteur près de celle qui était le seul espoir de ma vie?.. oh! pardonnez-moi ce regret, mon Dieu, mais l'excès du malheur rend cruel.

FORTUNÉ. Je donnerais neuf francs pour avoir deux sous d'eau de plantin.

FERNAND, *lisant.* « Vous avez sauvé » notre honneur à tous, l'honneur d'un » vieux nom... recevez en souvenir cette » bague de famille, elle porte des armes » qui, sans vous, auraient reçu leur pre- » mière souillure... » (*Il prend un écrin des mains de Fortuné, et passe à son doigt la bague qu'il contient.*) Maintenant, que me servent ces preuves que ce matin encore j'aurais payées de mon sang?.. ah! que ne puis-je plutôt, pour son bonheur à elle, rétracter mes paroles, faire rentrer dans son cœur l'estime et l'amour qu'elle avait pour cet homme!.. son amour... oh! oui, oui, au prix de ma vie, de mon honneur... et qu'importent mon honneur et ma vie, c'est elle que je dois sauver; et dussé-je attirer de nouveaux malheurs sur ma tête, torturer mon cœur par de nouvelles souffrances... Dolores, je te sauverai!.. cette lettre que je rejetais avec colère, c'est elle qui me servira ; ces preuves de sa honte à lui serviront à le justifier .. oui, c'est le seul moyen... rien dans cette lettre ne me désigne... allons, l'idée d'un sacrifice que je lui fais est presque une joie, une consolation. (*Il se met à une table et écrit.*) Détruisons d'abord cette enveloppe... et maintenant plus rien qui prouve que c'est à moi qu'elle était adressée.

FORTUNÉ, *à part, en frottant son œil.* Diable de cameriste, va... je m'étais dit, puisque monsieur est malheureux dans ses

mamours, Fortuné, mon garçon, tu n'as
jusqu'à te lancer, tu es sûr d'arriver... erreur,
déception! ça a commencé par un coup
d'œil, et ça a fini par un coup de...

FERNAND. Allons, tout est terminé...
mais le cachet de sir Dudley... ah! les
armes gravées sur cette bague... (*il la prend
et cachette la lettre*) et puis, on croit si aisément ce qu'on désire au fond du cœur!...
et maintenant, c'est Arthur qui est l'hon-
nête homme; maintenant, c'est moi qui
suis un infâme... Fortuné...

FORTUNÉ. Monsieur!..

FERNAND. Je vais te donner le dernier
ordre que tu recevras de moi...

FORTUNÉ. Hum... vous dites, monsieur?

FERNAND. Que je vais te donner mon
dernier ordre.

FORTUNÉ, *à part*. Est-ce qu'il aurait
l'intention de m'élever au grade d'ami in-
time... (*Haut.*) Votre dernier...

FERNAND. Dès ce jour tu seras libre...

FORTUNÉ. Libre de quoi?

FERNAND. De retourner en France,
d'aller où bon te semblera... enfin je te
quitte...

FORTUNÉ. Mais je ne vous quitte pas,
moi!..

FERNAND. Il le faut, mon ami !..

FORTUNÉ. Il le faut... ça n'est pas une
raison... possible que vous, vous croyez
trouver un meilleur domestique, mais je
suis sûr, moi, de ne jamais trouver un
meilleur maître...

FERNAND. Aussi, prendrai-je soin que
tu puisses te passer de maître... mais je te
le répète, il le faut...

FORTUNÉ. Alors, j'ai plus rien à dire...
et puis, c'est peut-être à cause de ce scélérat de sort, qui nous poursuit à l'inverse
l'un de l'autre... Au fait, si c'est ça, vous
avez raison, monsieur, renvoyez-moi,
chassez-moi, mais pas comment l'entend
votre bon cœur... vous m'avez ramassé
sans pain, sans vêtemens; eh bien! c'est
comme ça que je veux que vous me ren-
diez à la nature...

FERNAND. Allons, calme-toi !..

FORTUNÉ. Non, monsieur, non! je veux
avoir du malheur à mon tour, moi; je
veux avaler de la misère, m'abreuver d'in-
fortune, je veux en manger et en boire à
perdre mon embonpoint, et quand je serai
bien misérable, bien souffrant, bien déses-
péré, je me consolerai en me disant : Mon

maître, mon bon maître doit être heureux, puisque tout le guignon s'est cram-
ponné sur moi...

FERNAND. Allons, console-toi, mon
ami... je ne souffrirai jamais que tu sois
malheureux, c'est bien assez de mes pro-
pres tourmens...

FORTUNÉ. De quoi, de quoi, vos tourmens!... un instant, mais ça n'est plus notre compte... vous me renvoyez, c'est bien,
c'est très-bien... mais alors, vous ne devez
plus être malheureux... puisque je le suis
moi... la chance doit tourner...

FERNAND. Assez... écoute bien ce que
je vais te dire... D'abord, tu préviendras
Dolores qu'il faut que je la voie à l'instant.

FORTUNÉ, *ému*. Oui, monsieur.

FERNAND. Ensuite, tu attendras que
nous soyons réunis ici, Dolores, M. Arthur et moi...

FORTUNÉ, *pleurant*. Oui, monsieur.

FERNAND. Alors tu remettras cette lettre à son adresse, en disant qu'un courrier
vient de l'apporter...

FORTUNÉ, *sanglotant*. Oui, monsieur.

(Arthur entre.)

FERNAND, *l'apercevant*. Arthur !... fais
ce que je t'ai dit...

FORTUNÉ, *sortant*. Allons, aujourd'hui
mon maître ou moi nous en verrons des
cruelles...

SCENE VI.
FERNAND, ARTHUR.

ARTHUR. Eh bien ! monsieur...

FERNAND. Je vous attendais.... mais
avant que nous allions jouer nos jours, il
faut que vous le sachiez..... depuis une
heure il s'est passé des choses graves.

ARTHUR. Que je devine aisément... dans
cet entretien avec Dolores...

FERNAND. Je lui ai dévoilé toute votre
vie passée...

ARTHUR. Eh! quoi, monsieur... vous
avez éveillé la haine et le mépris dans son
cœur... vous comprenez alors que j'ai hâte
de vous tuer...

FERNAND. Ou d'être tué vous-même...
Il est vrai que c'est quelquefois peu de
chose qu'une mère, qu'un vieux père qui
vous attendent... mais une femme, dont

notre amour est toute la vie, une femme dont l'enfant lui demandera son père et à qui la veuve répondra : Ton père est mort..

ARTHUR. Je ne comprends pas, monsieur...

FERNAND. Oh! vous savez bien que ce n'est pas de moi, mais de vous qu'il s'agit.... car moi, je n'ai ni mère, ni vieux père, personne à qui ma vie soit précieuse, aussi n'est-ce pas pour moi que je crains la mort, mais pour vous, monsieur...

ARTHUR. Pour moi!.... voilà qui est étrange...

FERNAND. Oui, pour vous, qui laisserez en mourant plus qu'une pauvre veuve, plus qu'un enfant orphelin ; mais une maîtresse déshonorée, et sans espoir de réparation... une femme dont l'enfant ne pourra plus recevoir en naissant que le nom flétri d'une mère flétrie elle-même... Songez-y bien... une veuve trouve dans les respects, les consolations de ceux qui l'entourent, la force de supporter sa douleur... Son enfant peut grandir à l'ombre du nom de son père... mais Dolores, mais votre enfant, monsieur...

ARTHUR. Oh! j'y ai songé aussi ; et tout puissans qu'ils soient, ces motifs n'arrêteront pas mon bras et ne me feront pas trembler.

FERNAND. Et je vous dis, moi, que ce ton d'assurance ne me trompe pas ; car vous m'avez compris lorsque j'ai parlé de votre enfant, de son avenir ; je vous dis qu'après une mauvaise action, après un crime, on se raidit contre sa conscience, qu'on cherche à étouffer, et l'on se présente l'air calme et le front haut ; je vous dis que votre courage est vrai peut-être, mais qu'il y a quelque chose qui fait trembler les plus forts courages... c'est le remords, et en ce moment vous avez beau faire, moi je vous dis que vous tremblez...

ARTHUR. Assez... Vous ne savez pas qu'il y a danger à me parler ainsi... vous ne savez pas que cette femme que j'avais séduite d'abord, je l'ai aimée, adorée plus tard... et qu'il faut que je sois seul à posséder son amour... partons, Partons, monsieur...

FERNAND, *lui saisissant la main.* Nous ne nous battrons pas...

ARTHUR. Qu'entends-je?.. Mais voulez-vous donc, en retardant le combat, défier ma fureur, la pousser jusqu'à la rage... oh! je vous jure...

FERNAND, *froidement.* Je vous jure que nous ne nous battrons pas.. calmez-vous donc et écoutez-moi... Quand j'ai appris votre conduite à Dolores, quand j'ai souhaité qu'il ne fût plus possible qu'elle vous aimât, j'ignorais le fatal mystère qui vous unit. J'aime Dolores, moi ; mais c'est pour elle que je l'aime. Si mes révélations ont tué ses dernières espérances.... qu'elle avait mises en vous, je veux racheter le mal que j'ai fait, et je ne veux pas m'exposer à mourir sans avoir tenté d'abord de la rendre au bonheur...

ARTHUR. La rendre au bonheur, dites-vous?.. oh! monsieur, s'il en reste quelqu'espoir, ma fortune, ma vie, mon honneur, je donnerai tout pour sauver Dolores...

FERNAND, *ôtant de son doigt l'anneau de lord Dudley.* Du calme, c'est tout ce que je vous demande. Tenez, reconnaissez-vous ces armes?

ARTHUR. Je les reconnais...

FERNAND. Dans un instant Dolores sera ici : gardez-vous de m'interrompre, de me démentir, et si vous étiez tenté de le faire, que cet anneau à votre doigt vous rappelle le souvenir d'une première faute, et l'obligation d'en réparer une seconde. (*Il lui passe la bague au doigt.*) Elle vient... songez, monsieur, qu'il faut sauver la mère de votre enfant...

(Dolores entre et reste immobile en les voyant tous deux.)

SCENE VII.

ARTHUR, FERNAND, DOLORES.

DOLORES. Tous deux ensemble...

(*Effrayée, elle fait un mouvement pour se retirer.*)

FERNAND, *la retenant.* Restez... restez, de grâce!... j'ai désiré vous voir...

DOLORES. Mais c'était sans témoin, ce me semble, et non pas en présence d'un homme de qui tout aveu serait inutile, toute réparation impossible...

ARTHUR. Dolores...

FERNAND. Et si au contraire c'était devant lui que j'aie voulu vous parler? si cette réparation était possible encore?..

DOLORES. Que dites-vous? mais ne m'avez-vous pas appris toute sa vie passée, ne m'avez-vous pas dit que je devais le détester et le maudire...

FERNAND. Et si je vous avais trompée?

DOLORES. Vous !..

FERNAND. Et si, après m'être emparé de votre main par une déloyauté, j'avais voulu m'emparer aussi de votre cœur par une calomnie?..

ARTHUR, *bas*. Que dites-vous, monsieur ?..

FERNAND. Silence !..

DOLORES. Une calomnie, oh ! mais, parlez, parlez...

FERNAND. Eh bien! oui, senora, je voulais votre amour que je savais à un autre, et je le voulais à tout prix... au prix de ma propre estime, au prix de l'honneur... oh ! ne me condamnez pas trop cruellement, Dolores; car si je fus coupable, c'est par tendresse pour vous..... car l'amour violent qui a causé ma faute eût été assez fort aussi pour me faire accomplir un grand sacrifice... si votre bonheur l'eût exigé...

DOLORES. De grâce, expliquez-vous mieux...

ARTHUR, *bas*. Mais c'est une dérision !

FERNAND, *bas*. Ecoutez encore!..

DOLORES. Quel motif vous engage maintenant?..

FERNAND. Quel motif.... votre enfant, Dolores... sans lui, j'aurais joué jusqu'au bout ce rôle honteux ; sans lui, j'aurais espéré que dégagée d'un premier amour, le mien eût pu vous rendre heureuse.... mais je sais à présent que rien ne peut vous désunir, je sais que mon crime serait inutile, et vous en faire l'aveu, en subir l'humiliation devant vous pour vous rendre au bonheur.... c'est un cruel supplice que je m'impose...

DOLORES. O ciel!... prenez pitié de la confusion de mes pensées... quelqu'un m'a trompée, indignement trompée, n'est-ce pas ?... mais abuser une pauvre fille... la faire passer en un instant d'une vie douce et honorée à un horrible supplice de désespoir et de honte.... oh ! non, cette lâcheté, ce ne peut être un homme de ma nation, de ma famille, ce ne peut être vous, mon parent, vous Fernand, qui l'ayez commise... et pourtant...

FERNAND, *à part*. Mon Dieu! donnez-moi la force de supporter cette dernière honte, d'accomplir ce dernier sacrifice. (*Haut*.) Et pourtant ce fut moi, bien moi qui vous trompai. Il me fallait un crime dont je pusse accuser mon rival, eh bien! je lui prêtai celui que m'avait fait commettre ma haine pour le monde, car ce fut moi qui pour me venger de l'égoïsme des hommes dont j'avais tant souffert, jurai à Londres de rendre le mal pour le mal, et d'employer la ruse pour me faire aimer ; ce fut moi qui dressai des piéges à l'innocente jeune fillle.

ARTHUR. Oh ! monsieur, monsieur.

FERNAND, *lui montrant la bague*. Silence... je vous l'ordonne...

DOLORES. Il se pourrait... Arthur... oh! tout cela je le croirais avec joie, avec bonheur... mais s'il me restait une crainte, un doute... n'est-il aucun moyen, aucune preuve?..

FERNAND. Une preuve !...

(*Fortuné entre.*)

∞∞∞∞∞∞∞∞∞∞∞∞∞∞∞∞∞∞∞∞∞∞∞∞∞∞∞∞∞∞∞

SCENE VIII.

Les Mêmes, FORTUNÉ.

FORTUNÉ. Pour M. Arthur de Lucenay, une lettre de Londres...

ARTHUR. Pour moi... de Londres....

FERNAND. La preuve que vous demandez peut-être... (*Bas à Arthur*.) Ne tremblez donc pas, monsieur, cette lettre était pour moi...

DOLORES. De Londres, dites-vous?...

(*Elle va pour la prendre.*)

FERNAND. Un instant.. un instant, de grâce... souffrez d'abord que je m'éloigne; après vous lirez cette lettre, qui sans doute justifie monsieur et me couvre de honte... mais épargnez-moi ce dernier supplice... je vous ai tant aimée, Dolores..... je vous aime tant encore... que l'aveu que j'ai fait mérite bien un peu de pitié... Adieu.... et si quelque jour, si plus tard, mon souvenir se présente à votre esprit, ne le repoussez pas avec colère, avec mépris; songez que ma faute est l'œuvre de mon amour, d'un amour qui, pour vous, m'eût fait sacrifier mon repos, ma vie, et mon honneur..... adieu... (*bas*) pour toujours. (*Mouvement d'Arthur, qui veut lui tendre la main.*) Je vous hais, monsieur, mais qu'elle soit heureuse.... son bonheur vous acquittera...

FORTUNÉ. Mon pauvre maître... comme il a l'air accablé!.. Monsieur...

FERNAND, *se retournant et lui donnant un papier*.) Ah ! je t'oubliais..... tiens... reste... adieu...

(*Il sort.*)

SCENE IX.

LES MÊMES, *hors* FERNAND.

FORTUNÉ. Qu'est-ce que c'est donc que ça ?..

DOLORES. Mon Dieu, je n'ose ouvrir cette lettre... s'il m'avait trompée encore! (*Ouvrant la lettre.*) Oui, la signature de lord Dudley... (*Lisant.*) «Vous nous nous avez sauvé l'honneur... » et l'adresse à M. Arthur de Lucenay!..

ARTHUR. Oh ! mon Dieu !..

DOLORES. Il parle d'une bague, d'une bague avec ses armes... et la voilà à votre doigt... Arthur... mon Arthur...

ARTHUR, *bas*. Oh ! Fernand.,... que je souffre et que tu es bien vengé !

DOLORES. Et moi aussi, je te calomniais!

FORTUNÉ. Ah ! mon Dieu, qu'ai-je lu ? un contrat, douze cents livres de rentes... ma vie assurée... ah ! j'en suis sûr, mon pauvre maître est perdu...

ARTHUR. Le malheureux..... oh! il a voulu la rendre libre...

(On entend un coup de pistolet.)

DOLORES. Quel est ce bruit ?..

(Elle va pour sortir.)

ARTHUR, *l'arrêtant et se jetant à genoux.* Dolores... à toi... à toi pour toujours!..

DOLORES. Mais lui ! mon Dieu!...

ARTHUR, *se relevant.* Veuve de Fernando', toute ma vie pour qu'il me pardonne... lui...

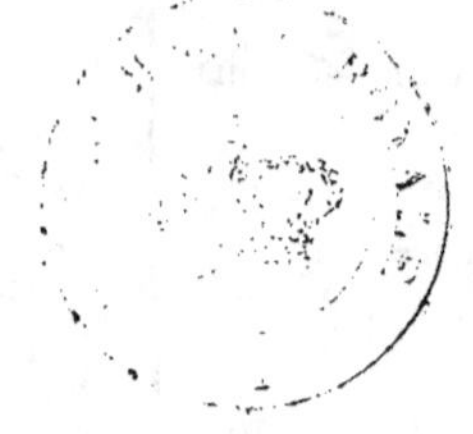

FIN.

IMPRIMERIE DE Vᵉ DONDEY-DUPRÉ, RUE SAINT-LOUIS, Nº 46, AU MARAIS.